NÉCESSITÉ

DE SUPPRIMER

LE CONSEIL D'INSTRUCTION PUBLIQUE.

VIOLATION

D'UNE ORDONNANCE ROYALE.

PARIS, IMPRIMERIE DE P. DUPONT ET G. LAGUIONIE.
rue de Grenelle-St-Honoré, N° 55.

PÉTITION

A LA CHAMBRE DES DÉPUTÉS

SUR

L'INSTRUCTION PUBLIQUE,

Pour réclamer contre l'abus d'autorité commis par le conseil royal d'instruction publique et par le ministre de l'instruction publique, en refusant d'exécuter l'ordonnance, qui crée à Paris une École normale primaire, et les décisions qui ont nommé M. Tisserand directeur de cette école (1).

Messieurs,

Il appartient à une chambre composée sous les auspices d'un roi citoyen et ayant mission spéciale de donner à l'instruction publique et à l'enseignement primaire toute la liberté que réclame le texte de la Charte, combiné avec les mesures de précaution à prendre contre les ennemis de nos institutions; il appartient, dis-je, à la nouvelle chambre de porter un coup d'œil investigateur sur les abus qui règnent encore dans cette partie de l'administration, où tous les élémens vicieux

(1) Les pièces justificatives sont relatées à la suite de la pétition manuscrite.

de l'ancien ordre de choses se sont conservés; où l'intérêt particulier de chacun des membres du conseil royal d'instruction publique et la partialité du ministre paralysent le peu de bien qui a été fait sous les autres ministères, et ne permettent de rien améliorer; ce qui vous sera démontré clairement par la conduite que l'on a tenue à mon égard.

Voici le récit simple des persécutions que l'on m'a suscitées, après avoir sacrifié ma fortune et mes veilles à la propagation de l'enseignement primaire basé sur des idées libérales, dégagé de superstition, et régularisé par des lois convenables.

Frappé, depuis l'organisation de l'Université impériale, de l'état avilissant et malheureux où se trouvait réduite la profession d'instituteur primaire; considérant que les lois du 13 septembre 1791, 1er mai 1800, et plus spécialement le décret du 1er mars 1808, qui ont ordonné l'organisation dans chaque Académie de France d'écoles normales pour la formation de maîtres, restaient sans exécution, paralysés qu'ils étaient par l'Université, jalouse de maintenir son monopole et son despotisme; et convaincu que ce qui manquait surtout, pour atteindre le but philanthropique de auteurs des premiers projets, était une école centrale normale, consacrée à former des directeurs et des instituteurs pour les écoles primaires des départemens, je conçus le plan et l'organisation d'une maison à ce destinée; je le soumis à l'autorité, et j'offris de monter cet

(5)

établissement à mes frais en réclamant l'appui du Gouvernement. Ma proposition fut accueillie; M. le ministre me donna l'autorisation que je lui demandais; il écrivit aux préfets et sous-préfets pour leur faire connaître mon plan, en les invitant à créer des bourses et des demi-bourses pour cet établissement: plusieurs y adhérèrent et des fonds furent votés dans ce but. M. de Vatimesnil, alors en fonctions, et à l'impartialité duquel je dois rendre justice, en me mettant directement en relation avec lui, me promit des secours, et ajouta qu'aussitôt que ma maison serait établie, il allait m'en nommer directeur; une ordonnance royale me fut promise. Alors je n'hésitai pas à réaliser des capitaux pour former cette école sous les auspices de l'Université, qui en approuva les statuts, et la maison se trouva en état de recevoir des élèves pour le 1er octobre 1829. M. le ministre signa ma nomination de directeur de cette école; je réclamai la réalisation des bourses qui m'avaient été promises sous M. de Vatimesnil. Là commencèrent des tracasseries sans nombre, suscitées par les membres du conseil royal d'instruction publique: on prétendit que je n'avais reçu d'autorisation que pour procéder à mes risques et périls; que si je voulais avoir des enfans qui eussent moins de quatorze ans, il me fallait subir un examen, être muni d'un certificat de mon curé, constatant qu'il me connaissait depuis trois ans, et que j'avais rempli tous mes devoirs de religion.

Quelle conduite! quelle inconséquence! Quand il s'agit de former des hommes pour être directeurs et instituteurs d'écoles primaires , exiger de pareils certificats d'un homme de mon âge qui avait déjà rempli plusieurs places de professeur dans diverses villes de France, et qui avait reçu sa nomination de directeur signée d'un ministre. Je réclamai contre cette injustice , et, pour prouver la bonté de mon plan, j'instruisis gratuitement des élèves qui se destinaient aux fonctions d'instituteur. L'Université , au lieu de m'encourager , me cita au conseil académique, comme coupable de n'avoir pas suivi exactement le réglement approuvé par elle : ce conseil, au lieu de me condamner, décida que l'Université , ayant pris des engagemens avec moi et refusant d'y faire droit, me devait des dédommagemens. Alors, sous prétexte que l'on manquait d'argent, quoiqu'on payât amplement les sinécures de l'Université, je ne touchai rien. La chambre des députés fut dissoute, la révolution de juillet eut lieu, j'y pris part de toutes mes facultés, j'assistai aux séances de la mairie, j'offris à la ville de Paris une des vastes salles de mon établissement, pour recevoir deux cents enfans des ouvriers victimes de cette catastrophe, à dessein de les faire instruire par des élèves maîtres ; je reçus une lettre de remercîment la plus expressive de la part de M. le préfet de la Seine; M. le ministre de l'intérieur approuva mon projet, M. le ministre de l'instruction publique garda le silence. Néanmoins le conseil royal, pressé par mes lettres, par les pétitions que j'avais adressées aux chambres, par les rapports avantageux qui en ont été faits, et par les personnes qui s'intéressaient à moi, décida qu'il serait écrit aux sept préfets de l'Académie de Paris, pour qu'ils examinassent si ma maison pourrait être regardée par eux comme école normale propre à fournir des instituteurs à leurs départemens respectifs. On me communiqua cette décision, mais on me refusa de me mettre en rapport direct avec MM. les préfets pour cet objet ; je leur envoyai cependant le plan des études de mon établissement, plusieurs l'approuvèrent et me promirent de solliciter le vote de fonds pour faciliter sa réussite. A son arrivée au ministère de l'instruction publique, M. Barthe parut disposé à organiser l'enseignement primaire ; il présenta à ce sujet une loi à la chambre des pairs, elle fut retirée ; il me demanda mon plan, je le lui communiquai ; il chargea une commission, composée de trois inspecteurs, de lui faire un rapport sur ma maison, leur travail fut favorable ; alors parut dans le *Moniteur* du 12 mars l'ordonnance royale qui établit à Paris une école normale primaire. Tout me donnait l'espérance que mes efforts allaient être couronnés de succès, lorsque M. de Montalivet reçut le portefeuille de l'instruction publique, et conçut le projet de transporter cette école à Versailles. J'eus une entrevue avec lui, j'essayai de lui démontrer l'inconvénient qui résulterait pour la chose même de la translation de l'École normale à Versailles , je lui représentai que les élèves maîtres, presque tous peu fortunés, transportés de leur pays à Versailles, n'auraient aucune ressource pour se soutenir; que d'ailleurs cette ville, privée de tout ce qui la rendait vivante, frappée d'une stagnation de commerce qui rend tout cher, n'offre aucun moyen d'instruction; que des élèves externes, sans fortune, ne pourront se décider à aller dans une ville isolée, où ils se trouveront obligés de dépenser de l'argent sans espoir de couvrir leurs frais, comme ils le feraient à Paris en donnant des leçons, soit à des individus, soit dans des maisons d'éducation; ils n'auront aucune ressource pour les établissemens publics et les bibliothèques; que deviendront - ils tout le temps qu'ils ne seront pas en classe? Il ne pourra y avoir à Versailles que des élèves boursiers, cette ville n'offrant aucune ressource pour que des pères de famille déjà reçus instituteurs , désirant connaître les nouvelles méthodes, puissent y aller quelques mois et y recevoir l'instruction qui leur manque. M. le ministre s'irrita, il sortit des bornes de la modération dans lesquelles doit rester un fonctionnaire de ce haut rang, quand il sait se respecter : alors il m'obligea de sortir de chez lui. J'appris que l'idée de transférer l'École normale primaire à Versailles avait pour but de se débarrasser de ma personne; je fis sentir au ministre qu'ayant tout sacrifié pour la prospérité d'une école dont l'utilité avait été reconnue, je ne devais pas être un obstacle à son organisation; je demandai l'exécution de l'ordonnance, et que ma destitution augmentât les injustices que M. le ministre ainsi que le conseil royal de l'instruction publique avaient à se reprocher à mon égard.

Messieurs, il est évident, et chacun de vous qui voudra s'en occuper, pourra s'en convaincre, qu'il n'y a rien de plus opposé au perfectionnement de l'éducation publique, rien de plus ennemi des lumières, de la liberté de l'enseignement régularisé par la loi que le conseil royal de l'instruction publique, les hauts fonctionnaires de ce conseil, qui ne font rien, absolument rien pour l'instruction, et qui dévorent à eux seuls plus de traitemens que les professeurs qui travaillent réellement : le conseil royal de l'instruction publique doit, nous le déclarons, être supprimé; ce sera une des premières économies que vous aurez à effectuer, elle vous attirera les bénédictions des administrés, et personne, excepté les titulaires, ne s'en plaindra.

Après vous avoir parlé de la nécessité d'établir une École normale primaire centrale à Paris, de l'urgence de supprimer le conseil royal de l'instruction publique, j'appelle votre attention, messieurs, sur un objet de la plus haute importance, en attendant que la loi sur la responsabilité des ministres soit rendue. D'après la marche que l'on suit dans les chambres, le droit de pétition non seulement est nul, mais dangereux. Toutes les fois que l'on adresse aux chambres une réclamation contre un abus d'une branche d'administation et par conséquent contre un ministre qui est à la tête de cette partie, vous renvoyez la pétition à ce même ministre; ainsi ce fonctionnaire en chef et ses subordonnés deviennent juges dans leur propre cause, et ont tous les moyens d'affaiblir les observations faites dans la pétition, quelquefois même par des promesses et par des menaces, si le ministre n'arrête pas les démarches : il saura s'arranger de manière à avoir toujours raison. C'est à la sagesse des chambres d'aviser, de concert avec le pouvoir royal, aux moyens de remédier à cet inconvénient.

Messieurs, je demande,

1° Que, conformément à l'ordonnance du 11 mars 1831, on organise à Paris l'École normale primaire, et qu'on fasse droit à mes titres;

2° Que la chambre examine la nécessité de la suppression du conseil royal de l'instruction publique.

J'ai l'honneur d'être, avec le plus profond respect, Messieurs, votre très humble et très obéissant serviteur,

TISSERAND,

Directeur de l'École normale primaire
de l'Académie de Paris.

VIOLATION D'UNE ORDONNANCE ROYALE.

Au rédacteur de la *Gazette des Écoles*.

Paris, ce 25 juillet 1831.

Monsieur,

J'attends de votre justice et de votre impartialité, que vous voudrez bien insérer dans votre prochain numéro, la réclamation suivante :

On lit dans votre feuille du 24 courant, que M. Froussard est nommé *Directeur de l'Ecole normale primaire de l'Académie de Paris*, établie à Versailles : ce fait ne peut être exact ; un ministre peut détourner, s'il le juge à propos, l'emploi des deniers de l'état, sauf à en rendre compte aux chambres ; il peut destituer en masse tous les fonctionnaires de son administration, les remplacer par qui bon lui semble ; mais il ne peut pas agir contre la loi ; or une ordonnance a force de loi, tant qu'elle n'est pas rapportée. Celle du 11 mars porte, article premier : *Il sera établi à Paris* (non à Versailles) *une école normale primaire, destinée, 1° à former des instituteurs primaires pour l'Académie de Paris, etc.* Un prédécesseur de M. de Montalivet m'a nommé directeur de cette École dont je suis le fondateur, et, par délibération du conseil royal d'instruction publique du 6 octobre 1830, le ministre a écrit aux sept préfets de l'Académie de Paris, pour faire connaître à ces magistrats le réglement de l'École, et pour les inviter à examiner si elle pourrait être considérée par eux comme *École normale* destinée à fournir des instituteurs primaires à leurs départemens respectifs ; le plus grand nombre de ces magistrats ont répondu favorablement. Une commission composée de trois membres nommés par le recteur de l'Académie de Paris, sur l'ordre du ministre, a pris connaissance de ma maison et l'a trouvée convenable à être l'École normale primaire de l'Académie ; une autre commission nommée par le préfet de la Seine a donné la même décision, et ce magistrat après avoir pris connaissance de mes titres, a ordonné, d'après ma demande, de m'inscrire sur la liste électorale, directeur de l'École normale primaire de l'Académie de Paris. Ainsi, Monsieur, tant que l'ordonnance n'aura pas été rapportée, que ma destitution ne sera pas officielle, nul n'est en droit de prendre un titre qui m'appartient.

Agréez, etc.   TISSERAND,

Directeur de l'École normale primaire
de l'Académie de Paris.

OBSERVATIONS DU RÉDACTEUR.

La nomination de M. Froussard est bien telle que nous l'avons annoncée. Voici d'ailleurs le texte de l'arrêté du ministre :

« Nous, ministre secrétaire-d'état au département de l'instruction publique et des cultes,

« Avons arrêté et arrêtons ce qui suit :

« M. Froussard, ancien chef d'institution, est nommé directeur de l'Ecole normale primaire de l'Académie de Paris.

« Fait à Paris, le 21 juillet 1831.

« MONTALIVET. »

L'affaire dont il s'agit ici est grave ; il y a violation d'une ordonnance royale, dépouillement des droits d'un fonctionnaire public et peut-être ruine d'une famille respectable ; car, nous devons le dire, M. Tisserand cédant à son enthousiasme pour l'instruction primaire, et trompé par les promesses, mieux que cela, par les actes du conseil, a compromis sa fortune ; il nous semble que toutes ces considérations devraient arrêter l'Université. Mais non : il a été résolu dans la tête de MM. Poisson et Rendu que M. Tisserand ne serait point directeur de l'École normale, et il ne le sera point. Le conseil de l'instruction publique, si habile dans ses roueries, a lancé M. de Montalivet dans une fausse voie, et saura bien l'y maintenir ; car tel est le sort de tout ministre qui entre en solidarité avec ce conseil. Les quinze premiers jours de son arrivée, il semblerait qu'il va en débarrasser l'Université ; au bout d'un mois, il n'est plus temps, le nouveau ministre est pris à la glu des réglemens universitaires : impossible à lui de marcher sans la permission de ses conseillers, qui le tiennent chacun par une lisière. Nous reviendrons sur cette affaire: en attendant nous croyons devoir prévenir M. Tisserand que le système adopté pour le perdre, c'est de dire partout, aux chambres, dans les comités, qu'il n'est pas en état de diriger une *École normale primaire* : qu'il se mette en garde contre la diffamation ministérielle, il n'y a rien de plus dangereux (1).

AU MÊME.

Paris, 28 juillet 1831.

Monsieur,

Ma destitution est donc certaine, rien ne coûte à l'autorité universitaire pour se débarrasser de moi ! elle va jusqu'à violer les lois. Pourquoi tant d'injustices, tant de malversations de la part du conseil royal de l'instruction publique ? Ces messieurs prétendent que je ne suis pas en état de diriger une École normale primaire : ils veulent le dire partout, aux chambres, dans les comités ; s'il en est ainsi, pourquoi M. Poisson, se disant mon ami, a-t-il conseillé à M. de Montalivet de m'offrir les fonctions de directeur de l'École normale pri-

---

(1) Pourquoi, si je suis incapable de diriger une école normale primaire, m'avoir nommé il y a deux ans directeur de cette école ? Je somme ici MM. Poisson, Rendu, de faire connaître publiquement les griefs qu'ils ont contre moi. Plein de confiance dans la justice de la chambre, j'espère que MM. les députés repousseront toute dénonciation secrète.

maire de l'Académie de Paris, qu'il devait placer à Versailles? et sur mon observation que cette ville n'offrait aucun moyen d'instruction et que l'École ne pourrait atteindre son but, pourquoi M. le ministre m'assura-t-il qu'il saurait bien la faire prospérer? D'après ses promesses, l'établissement devait recevoir un grand nombre d'élèves ; je somme ici M. de Montalivet, au nom de l'honneur et de la justice de déclarer s'il ne m'a pas proposé cette place, *par le conseil de M. Poisson* ; pour cela il n'aurait pas eu besoin selon lui de rapporter l'ordonnance ; cette proposition était donc pour me tromper. Si je l'avais acceptée, sans observation, en vertu de la même ordonnance, on aurait nommé M. Froussard directeur de l'École normale primaire de l'Académie de Paris, établie à Paris, et je n'aurais eu aucune réclamation à faire. Voilà, monsieur, comme un ministre responsable, entraîné par les avis du conseil royal de l'instruction publique, ne craint pas de blesser les droits de l'honneur et de la délicatesse: il viole tout, et ce pour plaire à un conseiller (M. Poisson), son ancien professeur, qui trouve fort à propos de réunir sur sa personne huit places qui lui rapportent plus de trente mille francs, sans lui donner beaucoup de peine.

Je déclare, monsieur, que je proteste contre la nomination de M. Froussard (1), et je m'adresse aux

(1) J'apprends que M. Froussard a refusé sa nomination.

chambres, espérant que pour la cinquième fois que j'ai recours à elles, elles aviseront dans leur sagesse au moyen de me faire rendre justice.

Agréez, etc.

TISSERAND,

Directeur de l'École normale primaire de l'Académie de Paris.

www.ingramcontent.com/pod-product-compliance
Lightning Source LLC
Chambersburg PA
CBHW061204050726
47594CB00008B/3556